『十三五』国家重点出版物出版规划项目

北京周边山区历史景观图

遵化卷

丁骥 绘画

學苑出版社

黄崖关长城
北沟村
下营镇

龙潭沟
段庄村
北车道峪村

九山顶山
天井山
郭家沟村

东寺沟
东山村

元宝山
钟鼓楼山
八仙桌子

八仙山
小港乡

成子峪
杏花山
黄花山
文台山

孙各庄满族乡

昌瑞山
金星山
裕陵
胜水峪
孝陵
裕妃园寝
石像生
七孔桥
龙凤门
石像生
大红门

昌瑞
普祥峪
平安峪
定妃园寝
定陵
定东陵·慈安陵
定东陵·慈禧陵
西便门
新间口

孝东陵
昌瑞山
景陵
景妃园寝
景皇贵妃园寝
昭西陵
东便门

宝华峪
道光陵遗址
二郎庙
双山峪
慕陵